BEI GRIN MACHT SICH IHR WISSEN BEZAHLT

- Wir veröffentlichen Ihre Hausarbeit,
  Bachelor- und Masterarbeit

- Ihr eigenes eBook und Buch -
  weltweit in allen wichtigen Shops

- Verdienen Sie an jedem Verkauf

Jetzt bei www.GRIN.com hochladen und kostenlos publizieren

Einstellungen und deren Relevanz für die Markt- und Werbepsychologie. Einstellungen, Theory of Reasoned Action und Einstellungsbeeinflussung

Madeleine Hartleff

Bibliografische Information der Deutschen Nationalbibliothek:

Die Deutsche Nationalbibliothek verzeichnet diese Publikation in der Deutschen Nationalbibliografie; detaillierte bibliografische Daten sind im Internet über http://dnb.d-nb.de abrufbar.

ISBN: 9783346523600
Dieses Buch ist auch als E-Book erhältlich.

© GRIN Publishing GmbH
Nymphenburger Straße 86
80636 München

Druck und Bindung: Books on Demand GmbH, Norderstedt Germany
Gedruckt auf säurefreiem Papier aus verantwortungsvollen Quellen

Das vorliegende Werk wurde sorgfältig erarbeitet. Dennoch übernehmen Autoren und Verlag für die Richtigkeit von Angaben, Hinweisen, Links und Ratschlägen sowie eventuelle Druckfehler keine Haftung.

Das Buch bei GRIN: https://www.grin.com/document/1142547

Einsendeaufgabe

Aufgabe B

im Studiengang Psychologie (B. Sc.)

im Fach Einführung in die Markt- und Werbepsychologie

an der

SRH Fernhochschule – The Mobile University, Riedlingen

Verfasserin: **Madeleine Hartleff**

Inhaltsverzeichnis

Gender Erklärung 3

Abkürzungsverzeichnis 3

Abbildungsverzeichnis 3

1 Einstellungskonstrukt und dessen Relevanz für die Markt- und Werbepsychologie 1

1.1 Definition des Konstruktes Einstellung 1

1.2 Relevanz des Einstellungskonstruktes für die Markt- und Werbepsychologie 3

1.3 Beeinflussung der Einstellung durch strategische Kommunikationsarbeit 4

2 Aufgabe B2 9

2.1 Theory of Reasoned Action 9

2.2 Methoden zur Messung der zentralen Komponenten der TRA 12

3 Aufgabe B3 16

3.1 Fiktives Projekt 16

3.2 Zentrale Komponenten des Einstellungsmodells nach Fishbein und Ajzen 17

3.3 Wege der Einstellungsänderung 18

3.4 Messung der Einstellungsänderung 19

Literaturverzeichnis 20

Gender Erklärung

Zur besseren Lesbarkeit werden in dieser Einsendeaufgabe personenbezogene Bezeichnungen, die sich zugleich auf Frauen und Männer beziehen, generell nur in der im Deutschen üblichen männlichen Form angeführt, also z. B. "Teilnehmer" statt "TeilnehmerInnen" oder "Teilnehmerinnen und Teilnehmer".

Dies soll jedoch keinesfalls eine Geschlechterdiskriminierung oder eine Verletzung des Gleichheitsgrundsatzes zum Ausdruck bringen.

Abkürzungsverzeichnis

ELM	Elaboration-Likelihood-Modell
TPB	Theory of Planned Behavior
TRA	Theory of Reasoned Action

Abbildungsverzeichnis

Abbildung 1: Drei-Komponenten-Modell nach Rosenberg und Hovland (1960).......5

Abbildung 2: Elaboration-Likelihood-Modell 7

Abbildung 3: Schematische Darstellung des TRA..10

Abbildung 4: Methoden zur Einstellungsmessung..13

Abbildung 5: Skala Item Verhaltensabsicht...13

Abbildung 6: Skala Item Einstellung 14

Abbildung 7: Skala Item subjektive Norm...14

1 Einstellungskonstrukt und dessen Relevanz für die Markt- und Werbepsychologie

Einstellungen hat jeder. Manchmal muss über die eigene Einstellung zu einem Sachverhalt zwar nachgedacht werden, aber grundsätzlich hat der Mensch zu allen Dingen eine grobe Einstellung. Dadurch kann schnell der Eindruck entstehen, dass die Einstellungen aus der Person selbst kommen und nur schwer verändert werden können (Schmithüsen & Steffgen, 2015, S. 104). Werbung oder strategische Kommunikationsarbeit zeigt jedoch, dass dem nicht so ist und der Mensch sich in dem eigenen Handeln beeinflussen lässt (Aronson, Wilson & Akert, 2008, S. 217). Mit dieser Arbeit soll die Frage erörtert werden, warum das Einstellungskonzept eine zentrale Rolle in der Markt- und Werbepsychologie spielt bzw. warum Hersteller oder Anbieter die Notwendigkeit sehen, Einstellungen durch strategische Kommunikationsarbeit zu beeinflussen. Hierfür wird zunächst das Einstellungskonstrukt definiert. Anschließend wird auf die Relevanz von Einstellungen in der Markt- und Werbepsychologie eingegangen. Abschließend wird besprochen, warum Hersteller durch strategische Kommunikationsarbeit Einstellungen von Konsumenten beeinflussen.

1.1 Definition des Konstruktes Einstellung

Das Konstrukt der Einstellung ist eines der wichtigsten Konstrukte der Sozialpsychologie und zugleich das meist diskutierte Konstrukt (Kroeber-Riel & Gröppel-Klein, 2019, S. 198). Ein Blick in die gängige Literatur zeigt, dass das Einstellungskonstrukt auf verschiedenste Weisen definiert wird. An dieser Stelle wird jedoch nur auf die Definition von Eagly und Chaiken eingegangen. Für einen Überblick kann das Buch "The Psychology of Attitudes and Attitude Change" von G. R. Maio und G. Haddock empfohlen werden.

Eagly und Chaiken (1993) definieren Einstellungen als „a psychological tendency that is expressed by evaluating a particular entity with some degree of favor or disfavor" (S. 1). Eagly und Chaiken (2007) bezeichnen ihre Definition selbst als eine abstrakte oder "umbrella" Definition (S. 583). Bohner und Dickel (2011) erläutern in ihrem Papier, warum diese Definiton als "umbrella definition" bezeichnet werden kann. Der Meinung von Bohner und Dickel (2011) vereint diese Definition die beiden verschiedenen Sichtweisen („stored in memory" oder tief sitzende Einstellungen und „constructed on the spot" oder oberflächliche Einstellungen) auf das Einstellungskonstrukt. Begründet wird dies damit, dass die Definition von Eagly und Chaiken

(1993) drei wesentlichen Komponenten beinhaltet (Bohner & Dickel, 2011, S. 393): (1) das Konzept der psychologischen Tendenz, (2) den Bewertungsprozess und (3) die Entität oder das Einstellungsobjekt.

Eagly und Chaiken (1993) beschreiben die psychologische Tendenz als einen inneren Zustand einer Person, der über einen kurz- oder langfristigen Zeitraum bestehen kann (S. 2). In einem späteren Paper ergänzen Eagly und Chaiken (2007), dass die Erfahrungen einer Person aus der Vergangenheit eine Tendenz begründet, negativ oder positiv auf ein Einstellungsobjekt zu reagieren und sich diese im Laufe der Zeit verändern kann. Außerdem spiegelt die psychologische Tendenz wider, dass Einstellungen nicht unbedingt dem Bewusstsein einer Person zugänglich sind. Eagly und Chaiken (2007) schreiben zu ihrer Definition von Einstellung weiterhin, dass eine tiefer gehende Spezifizierung des Begriffes Tendenz nicht vorgesehen ist, weil sich die Beschreibung der inneren Tendenz unweigerlich ändert, wenn sich die Forschung rund um den Einstellungsbegriff weiterentwickelt. Wodurch nochmals verdeutlich werden soll, dass die Definition von Einstellung entsprechen Eagly und Chaiken (1993) als eine Art Schirm (umbrella) angesehen werden soll, worunter mehrere Konzeptualisierungen der psychologischen Tendenz von Einstellungen nebeneinander existieren können (Eagly & Chaiken, 2007, S. 585–586).

Die zweite wichtige Komponente in der Definition von Eagly und Chaiken (1993) ist der evaluative bzw. bewertende Charakter oder auch Einschätzung genannt. Die beiden Wissenschaftler gehen davon aus, dass die Einstellung ein evaluativer Wert ist, der zwischen bestimmten Klassen von Reizen und bestimmten Klassen von Reaktionen vermittelt. Somit wird eine Einstellung als ein abgeleiteter Zustand betrachtet, der kausale Schlussfolgerungen zwischen Stimuli, die das Einstellungsobjekt bezeichnen, und bewertenden Reaktionen auf dieses Stimuli, erklärt (Eagly & Chaiken, 1993, S. 3). Demnach umfassen Evaluationen die bewertenden Aspekte von Überzeugungen, Gedanken, Gefühlen und Emotionen sowie Absichten und offenes Verhalten (Eagly & Chaiken, 2007, S. 583). Die Reaktionen, d. h., die Einstellungen können entsprechend Eagly und Chaiken (1993) hierbei ganz unterschiedlich in ihrer Bewertung ausfallen. Es wird auch von einem bipolaren Kontinuum gesprochen, was in seiner Dimension von extrem positiv bis zu extrem negativ reicht und einen neutralen Bezugspunkt einschließt (Eagly & Chaiken, 1993, S. 4). Weiterhin weisen Eagly und Chaiken (2007) daraufhin, dass keine dieser Reaktionen dem Inhaber einer Einstellung bewusst sein muss, diese der Person aber durchaus bewusst sein kann (S. 583).

Wie bereits geschrieben wurde, ist die evaluative Reaktion auf einer Entität oder eine Sache gerichtet, die ihr Objekt ist (Eagly & Chaiken, 2007, S. 583). Das Einstellungsobjekt kann entsprechend Eagly und Chaiken (1993) sehr unterschiedlicher Natur sein. Alles, was zu einer Diskriminierung führen kann, ist praktisch als bewertbar anzusehen und ist somit ein Einstellungsobjekt. Dabei ist zu beachten, dass einige Objekte konkreter (z. B. ein Produkt, ein Film) und andere abstrakter (z. B. Kapitalismus, liberaler Sozialismus) sind. Neben einzelnen expliziten Entitäten (z. B. meine Bose-Kopfhörer) auch Gruppen von Objekten (alle Kopfhörer von Bose) als Einstellungsobjekte fungieren. Weiterhin können Verhaltensweisen (z. B. Radfahren) und Verhaltensklassen (z. B. Teilnahme an sportlichen Aktivitäten) ebenso als Einstellungsobjekte dienen (Eagly & Chaiken, 1993, S. 4–5).

1.2 Relevanz des Einstellungskonstruktes für die Markt- und Werbepsychologie

Bevor erörtert werden kann, warum das Einstellungskonstrukt eine solch zentrale Stellung in der Markt- und Werbepsychologie einnimmt, muss erläutert werden, was unter Markt- und Werbepsychologie verstanden wird.

Die Markt- und Werbepsychologie beschreibt das Erleben und Verhalten aller Marktteilnehmer. Hierbei wird ein besonderes Augenmerk auf das Messen und Verbessern des Images eines Angebotes gelegt (Neumann, 2013, S. 21). Als Untergruppen der Markt- und Werbepsychologie wird die Erforschung des Konsumentenverhaltens und der Werbewirkung gesehen (Felser, 2015, S. 23; Raab, Unger & Unger, 2016, S. 3). Außerdem wird in der Literatur immer wieder im Rahmen der Markt- und Werbepsychologie von der Betrachtung der Kundenzufriedenheit als zentrales Thema gesprochen (Thomsen & Unbehagen, 2005, S. 274).

Entsprechend Walsh, Deseniss und Kilian (2020) kann das Konsumentenverhalten als ein kontinuierlicher Prozess verstanden werden. Innerhalb dieses Prozesses spielt die Einstellung des Verbrauchers gegenüber dem Produkt, der Marke und dem Unternehmen eine besonders große Rolle. Die Relevanz des Einstellungskonstruktes für die Markt- und Werbepsychologie ergibt sich somit daraus, dass umso besser ein Unternehmen seine Abnehmer kennt, desto größer ist der Wettbewerbsvorteil. Konkret bedeutet dies, dass es für eine Organisation von besonderer Bedeutung ist, zu verstehen, wie Einstellungen bei den Konsumenten entstehen und wie diese verändert werden können (Walsh et al., 2020, S. 48, 76). Dies wiederum ergibt sich daraus, dass davon ausgegangen wird, „dass Einstellung einen starken Einfluss auf das (Konsumenten-)Verhalten haben" (Hoffmann & Akbar, 2019, S. 90).

Nach Kroeber-Riel und Gröppel-Klein (2019) wird das Einstellungskonstrukt in der Markt- und Werbepsychologie eher als „Mädchen für alles [ge]nutzt" (S. 198). Damit meinen Kroeber-Riel und Gröppel-Klein (2019), dass die Einstellung im Rahmen der Markt- und Werbepsychologie bzw. der Marktforschung für verschiedenste Anliegen verwendet wird. Als Beispiel wird genannt, „die Aufnahmefähigkeit des Marktes zu bestimmten, um absatzpolitische Ziele festzulegen und zu kontrollieren oder um das Kaufverhalten vorherzusagen" (S. 198). Außerdem wird durch Kroeber-Riel und Gröppel-Klein (2019) kritisiert, dass die Messung der Einstellung in der Marktforschung immer dann verwendet wird, wenn nicht klar ist, was eigentlich gemessen werden soll (S. 198). Entsprechend eines Artikel von Argyriou und Melewar (2011) wird hierin die große Anzahl an Forschungsbeiträgen zum Thema „attitudes" im Zusammenhang mit der Markt- und Werbepsychologie gesehen. Des Weiteren kritisieren die Autoren, dass der Einstellungsbegriff je nach Untersuchungsobjekt nicht ausreichend operationalisiert wird und deswegen keine differenzierten Aussagen über den Prozess der Einstellungsbildung getroffen werden kann (Argyriou & Melewar, 2011, S. 446).

1.3 Beeinflussung der Einstellung durch strategische Kommunikationsarbeit

Aus der Definition von Eagly und Chaiken ging bereits hervor, dass Einstellungen nicht dauerhafter Natur sein müssen, sondern sich durch verschiedene Einflüsse verändern können (Felser, 2015, S. 198). Ratner und Kahn (2002) fanden in drei Experimenten heraus, dass Menschen ihre Verhaltensweisen und Konsumwünsche entgegen den eigenen Einstellungen und Präferenzen ändern, wenn sie dadurch soziale Anerkennung von ihrem Umfeld erwarten (S. 254). Dies ist für die Markt- und Werbepsychologie ein wichtiger Aspekt, da meistens die Einstellung einer Person gegenüber einem Produkt oder eine Marke gemessen wird. Entsprechend der Arbeit von Ratner und Kahn (2002) muss jedoch unterschieden werden, zu welchem Produktbereich das Produkt zählt und ob die Konsumentscheidung den privaten oder öffentlichen Raum einer Person betrifft (S. 255). Als besonders beeinflussbare Produktkategorie gelten Produkte, die nicht alltäglich konsumiert werden und nicht für jeden erschwingbar sind, wie zum Beispiel Luxusgüter. Auf der anderen Seite stehen Produkte, die von der Außenwelt wahrgenommen werden. Hierunter fallen z. B. Speisen und Getränke im Restaurant, Kosmetika und Kleidung sowie Gesprächsgegenstände wie Musik, Bücher oder Reisen (Fisher & Price, 1992; Kroeber-Riel & Mayer-Hentschel, 1982; beide zitiert nach Felser, 2015, S. 198). Für Unternehmen ist diese Erkenntnis sehr wichtig, da so gezielt durch strategische Kommunikationsarbeit Einfluss auf die Einstellung von Personen genommen werden kann.

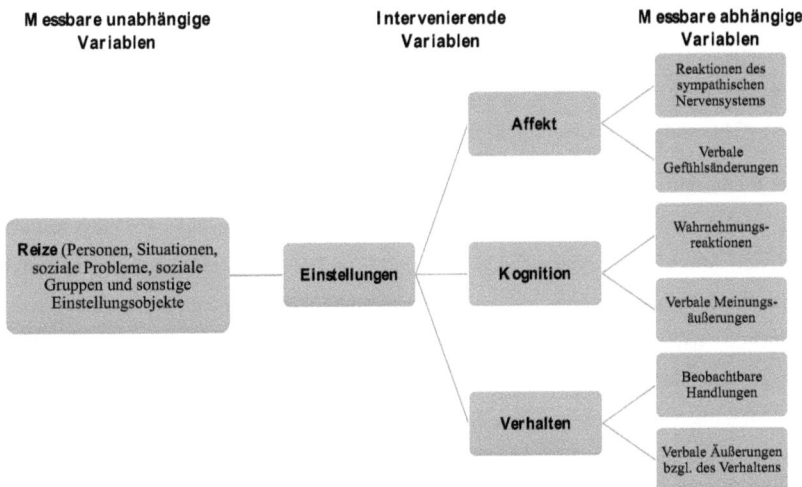

M essbare unabhängige
Variablen

Intervenierende
Variablen

M essbare abhängige
Variablen

Affekt — Reaktionen des sympathischen Nervensystems

Affekt — Verbale Gefühlsänderungen

Reize (Personen, Situationen, soziale Probleme, soziale Gruppen und sonstige Einstellungsobjekte) → Einstellungen

Kognition — Wahrnehmungs- reaktionen

Kognition — Verbale Meinungs- äußerungen

Verhalten — Beobachtbare Handlungen

Verhalten — Verbale Äußerungen bzgl. des Verhaltens

Abbildung 1: Drei-Komponenten-Modell nach Rosenberg und Hovland (1960)

(Quelle: Eigene Darstellung in Anlehnung an Rosenberg & Hovland, 1960, S. 3)

Um Einstellungen bei dem Verbraucher zu ändern, ist es wichtig, dass die richtige Komponente angesprochen wird. Hierfür wird meistens das Drei-Komponenten-Modell von Rosenberg und Hovland (1960) herangezogen. Wie der Name bereits sagt, gibt es drei verschiedene Komponenten auf, die eine Einstellung zurückgehen kann. Rosenberg und Hovland (1960) gingen damals noch davon aus, dass Einstellungen Tendenzen sind, die auf bestimmte Klassen von Reizen mit definierten Klassen von Reaktionen reagieren (S. 3). Wie in der Abbildung 1 zu sehen ist, besteht das Modell aus den kognitiven, affektiven und konativen Komponenten. Entsprechend Bierhoff (2006) sowie Hoffmann und Akbar (2019) beinhaltet die kognitive Komponente, das eigene Wissen und die eigene Meinung über das Einstellungsobjekt. Hingegen betrachtet die affektive Komponente, wie der Verbrauchende das Einstellungsobjekt emotional bewertet. Die Handlung oder konative Komponente betrifft, wie der Konsumierende schlussendlich gegenüber dem Einstellungsobjekt handelt. Hierbei geht es im Rahmen der Markt- und Werbepsychologie insbesondere darum, ob es zu einer Kaufabsicht kommt (Bierhoff, 2006, S. 328–329; Hoffmann & Akbar, 2019, S. 91). Insbesondere die kognitive und die affektive Komponente möchten Hersteller mit ihrer strategischen Kommunikationsarbeit ansprechen, um damit die eigentliche Handlung zu ihren Gunsten zu beeinflussen. Explizit heißt dies, dass „Emotionen, Motive (Motiv), Wissen, die Aktivierbarkeit einer Einstellung oder Vernetzung

5

mit anderen Gedächtnisinhalten wie Verhaltensskripten und Kontexten" (Becker, 2018, S. 450) im Fokus der werbepsychologischen Einstellungsänderung stehen. Die Beeinflussung von Einstellungen kann dabei u. a. durch klassische oder evaluative Konditionierung oder den Mere-Exposure-Effekt erfolgen (Becker, 2018, S. 450).

An dieser Stelle wird jedoch auf das Elaboration-Likelihood-Modell (ELM) von Petty und Cacioppo (1986) als Erklärung für eine Möglichkeit der Einstellungsänderung eingegangen. Dieses Modell unterscheidet entsprechend Petty und Brinol (2012) zwei Wege bei der Einstellungsänderung, die zentrale Route und die periphere Route. Für welche dieser Routen sich der Verbrauchende entscheidet, hängt u. a. davon ab, wie tief die Informationen verarbeitet werden bzw. wie der Grad der Elaboration ausgeprägt ist. Klassische Konditionierung und der Mere-Exposure-Effekt bedürfen z. B. wenig nachdenken, wohingegen Erwartungs-Wert- und kognitive Reaktionsmodelle ein hohes Maß an Denkleistung bedürfen (Petty & Brinol, 2012, S. 226). An dieser Stelle sei jedoch erwähnt, dass Menschen Informationen mit unterschiedlichen Aufwänden verarbeiten, was dazu führt, dass nicht bei allen Personen eine Einstellungsänderung stattfindet (Petty & Cacioppo, 1986, S. 6). Hoffmann und Akbar (2019) ergänzen, dass die Situation, in der die Beeinflussung stattfindet, sich ebenfalls auf die Tiefe der Verarbeitung auswirkt (S. 95). Welche Effekte die beeinflussende Kommunikation haben kann, ist der Abbildung 2 als schematische Darstellung veranschaulicht.

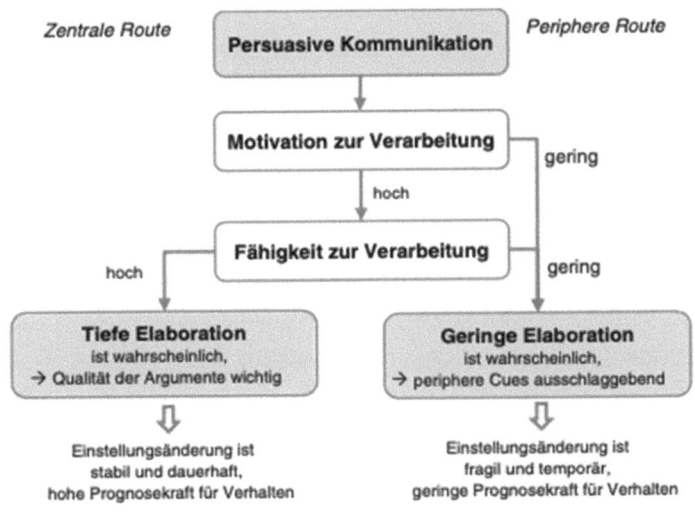

Abbildung 2: Elaboration-Likelihood-Modell

(Quelle: Petty & Cacioppo, 1986, S. 4; zitiert nach Hoffmann & Akbar, 2019, S. 95)

Im Rahmen der strategischen Kommunikationsarbeit besteht das Ziel herauszufinden, wann die periphere Route gewählt werden sollte und wann die zentrale Route, bzw. wann Informationen im Zentrum der Aussage stehen sollen und wann der Schwerpunkt auf oberflächliche Faktoren gelegt wird (Aronson et al., 2008, S. 202). Wie bereits weiter oben erwähnt gibt es hierfür zwei verschiedene Möglichkeiten nach dem ELM. Entsprechend Petty und Cacioppo (1986) wählen Menschen die zentrale Route der Überzeugung, wenn eine Motivation zur Informationsverarbeitung, z. B. aus persönlichem Interesse oder entsprechend der Involvement-Ausprägung, vorhanden ist (Petty & Cacioppo, 1986, S. 4; Petty & Cacioppo, 1986; zitiert nach Aronson, Wilson & Akert, 2008, S. 202). Hierbei liegt der Schwerpunkt auf der Verarbeitung der erhaltenen Informationen (Raab et al., 2016, S. 106). Dies ist meist mit großem kognitivem Aufwand verbunden, da die Informationen umfassend analysiert werden (Frey, Fischer, Kastenmüller, Greitenmeyer & Moser, 2015, S. 52). Es bedarf dementsprechend einem großen Interesse an dem Thema und einer ungestörten Atmosphäre, damit der Rezipient die zentrale Route einschlägt (Aronson et al., 2008, S. 202). Dieser Prozess wird auch als high elaboration bezeichnet (Gerrig, 2016, S. 667).

Im Gegensatz zum high elaboration zeichnet sich das low elaboration durch eine geringe Verarbeitung der Informationen und entsprechend einfachen Entscheidungsregeln aus (Frey et al., 2015, S. 52). Die Rezipienten wählen die periphere Route, wenn die eigene Motivation an den Informationen sehr gering ist oder die äußeren Umständen gerade keine Aufmerksamkeit zulassen (Aronson et al., 2008, S. 202). Gerrig (2016) beschreibt als typische Situation für die periphere Route, wenn im Supermarkt Displays platziert werden, vor den Produkten, die eine Person eigentlich kaufen möchte (S. 667). Hoffmann und Akbar (2019) beschreiben, dass es bei der peripheren Route eher auf Hinweisreize ankommt, die nicht direkt mit dem Einstellungsobjekt in Verbindung stehen. Beispiele aus der Praxis sind hierfür, dass die konsumierende Person das Verkaufspersonal als Experten für eine Produktgruppe ansieht oder dieses als sympathisch empfindet (Hoffmann & Akbar, 2019, S. 96). Die Rolle des Verkaufspersonals kann in einen Werbespot ebenso eine bekannte Persönlichkeit einnehmen oder in den Sozialen Medien der Lieblings-Influencer sein. Als emotionale Komponente wird von Werbetreibenden gerne auf Humor, Erotik oder Musik gesetzt (Hoffmann & Akbar, 2019, S. 96). Diese Reize lenken ab und die eigentlichen Informationen werden nicht mehr so stark aufgenommen (Gerrig, 2016, S. 667).

2 Aufgabe B2

In der Sozialpsychologie wie auch im Bereich der Markt- und Werbepsychologie wird immer wieder die Frage gestellt, wie Einstellungen das Verhalten beeinflussen. In der Sozialpsychologie gibt es hierzu einige Modelle wie das MODE-Modell oder das RIM-Modell. Entsprechend Kroeber-Riel und Gröppel-Klein (2019) gehören jedoch die beiden Einstellungstheorien „Theory of Reasoned Action" und „Theory of Planned Behavior" zu den bedeutendsten sozialpsychologischen Theorien im Bereich der Konsumentenforschung. Wobei die Theory of Planned Behavior entwickelt wurde, um die Kritik an der Theory of Reasoned Action teilweise zu entkräften (Kroeber-Riel & Gröppel-Klein, 2019, S. 201–202). Im nachfolgenden Text wird jedoch nur auf die Theory of Reasoned Action und deren zentrale Komponenten eingegangen. Anschließend werden zwei Messmethoden vorgestellt, mit denen die zentralen Komponenten der Theorie of Reasoned gemessen werden können.

2.1 Theory of Reasoned Action

Die Theory of Reasondes Action (TRA) gehört zu den kognitiven Einstellungstheorien und wurde von Fishbein und Ajzen im Jahr 1975 entwickelt (Kroeber-Riel & Gröppel-Klein, 2019, S. 201). Das Modell beschreibt den Zusammenhang zwischen Einstellungen und Verhalten (Aronson et al., 2008, S. 215). Entsprechend Ajzen und Fishbein ist die erfolgreiche Vorhersage eines Verhaltens am ehesten möglich, wenn die Person danach gefragt wird, ob sie ein Verhalten beabsichtigt (Hogg & Vaughan, 2008, S. 158). Dies wird damit begründet, dass Menschen über ihr Handeln nachdenken, wenn sie ausreichend Zeit zur Verfügung haben und so auch unzugängliche Einstellungen bewusst werden (Aronson et al., 2008, S. 215; Mayer & Illmann, 2000, S. 140). Das Ziel der TRA ist somit geplantes und bewusst durchgeführtes Verhalten von Menschen erklären und vorhersagen zu wollen (Foscht, Swoboda & Schramm-Klein, 2017, S. 70). Wie das in Teilaufgabe 1 kurz angeschnittene Drei-Komponenten-Modell nach Rosenberg und Hovland (1960) enthält die TRA ebenfalls eine kognitive Komponente, eine affektive Komponente und eine konative Komponente (Verhalten). Entsprechend Schiffman, Kanuk und Hansen (2008) sind diese Komponenten jedoch in einen anderen Muster angeordnet (S. 254-255). In der nachfolgenden Abbildung ist die Theorie des geplanten Verhaltens schematisch dargestellt. Anschließend werden die einzelnen Komponenten erläutert.

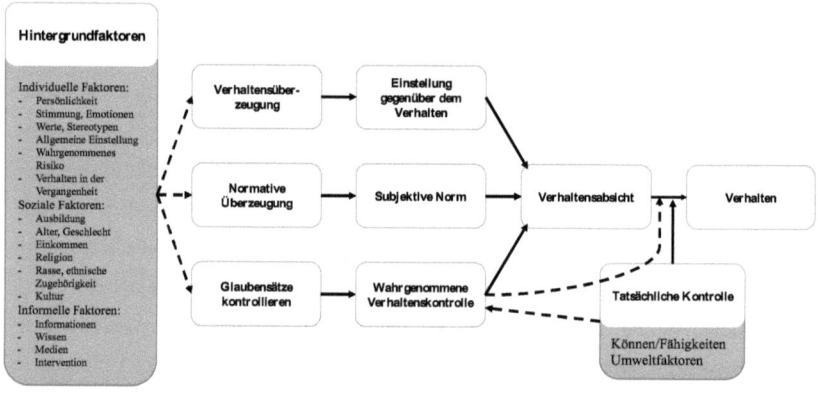

Abbildung 3: Schematische Darstellung des TRA

(Quelle: Eigene Darstellung in Anlehnung an Fishbein & Ajzen, 2010, S. 22)

Entsprechend Fishbein und Ajzen (2010) muss vor jeder Analyse eines bestimmten Verhaltens dieses genauestens operationalisiert werden. Nachdem dies erfolgte, können erst die Determinanten untersucht werden. An dieser Stelle sei nochmals erwähnt, dass Fishbein und Ajzen davon ausgehen, dass das menschliche Sozialverhalten rational und oft spontan erfolgt, entsprechend der vorhanden Informationen oder Überzeugungen, die das Individuum hinsichtlich diesem Verhalten hat. Die Überzeugungen und Informationen stammen, wie aus der Abbildung 3 hervorgeht, aus verschiedenen Quellen, wie persönlichen Erfahrungen, erhaltener Bildung, den Medien sowie Interaktionen mit der Familie und Freunden und Kollegen. Individuelle Unterschiede wie demografische Merkmale oder die Persönlichkeit können nicht nur die Erfahrungen und Informationsquellen der Menschen beeinflussen, sondern auch die Art und Weise, wie sich diese Informationen interpretieren und merken lassen. Daraus ergibt sich, dass sich Personen mit unterschiedlichem sozialem Hintergrund oder mit unterschiedlichen Persönlichkeitsmerkmalen wahrscheinlich auch in ihren Überzeugungen unterscheiden (Fishbein & Ajzen, 2010, S. 20).

Es lässt sich entsprechend Fishbein und Ajzen (2010) somit sagen, dass die erworbenen Überzeugungen dazu dienen, Entscheidungen einer Person zu leiten, was wiederum dazu führt, dass eine Person ein bestimmtes Verhalten ausführt oder nicht ausführt. Bei den Überzeugungen kann zwischen drei Arten differenziert werden. Der erste Überzeugungsfaktor ist die Verhaltensüberzeugung. Die Verhaltensüberzeugung zeigt sich darin, dass Menschen grundsätzlich ihre Überzeugungen über die positiven oder negativen Konsequenzen zurückhalten, die sie erfahren könnten, wenn sie das Verhalten ausführen. Es wird davon ausgegangen, dass diese Ergebniserwartungen oder Verhaltensüberzeugungen die Einstellungen der Menschen zur persönlichen Ausführung des fraglichen Verhaltens bestimmen. Im Allgemeinen in dem Maße, in dem ihre Leistung des Verhaltens als positiver in der Lage wahrgenommen wird (Fishbein & Ajzen, 2010, S. 20). Hogg und Vaughan (2008) beschreiben die Einstellung gegenüber dem Verhalten als ein Produkt der Überzeugungen des Individuums über das Zielverhalten und wie diese Überzeugungen bewertet werden. Dabei ist zu beachten, dass dies ausschließlich eine Einstellung zum Verhalten ist und keine Einstellung gegenüber dem Objekt (Hogg & Vaughan, 2008, S. 158).

Als zweite Form der Überzeugung kommen entsprechend Fishbein und Ajzen (2010) die normativen Überzeugungen zum Tragen. Bei dieser Art der Überzeugung meinen die Menschen, dass wichtige Einzelpersonen oder Gruppen in ihrem Leben ihr Verhalten positiv oder negativ bewerten würden. Weiterhin wird sich gefragt, ob die fraglichen Personen das Verhalten selbst ausführen würden oder nicht. In ihrer Gesamtheit erzeugen diese normativen Überzeugungen eine wahrgenommene Norm (subjektive Norm). D. h. es wird ein sozialer Druck wahrgenommen, sich auf ein Verhalten einzulassen oder nicht (Fishbein & Ajzen, 2010, S. 20). Hogg und Vaughan (2008) beschreiben die subjektive Norm auch als ein Produkt dessen, was das Individuum als Überzeugungen anderer wahrnimmt. Wenn wichtige Personen aus dem sozialen Umfeld etwas sagen, dann kann es somit nur das Richtige sein (Hogg & Vaughan, 2008, S. 158).

Als dritter Faktor der Überzeugung wird von Fishbein und Ajzen (2010) die eigenen Glaubenssätze kontrollieren (Kontrollüberzeugungen) genannt. Darunter wird verstanden, dass Menschen ebenso Überzeugungen über persönliche und umweltbedingte Faktoren bilden. Diese Faktoren können ihre Versuche, das eigene Verhalten auszuführen, ebenso unterstützen oder behindern. In der Gesamtheit führen diese Kontrollüberzeugungen zu einem Gefühl hoher oder niedriger Selbstwirksamkeit oder einer wahrgenommenen Verhaltenskontrolle in Bezug auf das eigene Verhalten. Wenn Kontrollüberzeugungen eher erleichternde als hemmende Faktoren identifizieren, sollte die wahrgenommene Verhaltenskontrolle hoch sein (Fishbein & Ajzen, 2010, S. 21).

Fishbein und Ajzen (2010) beschreiben weiterhin, dass sobald die subjektiven Einstellungen, subjektiven Normen und wahrgenommenen Verhaltenskontrollen gebildet wurden, diese direkt zugänglich und verfügbar sind, um Absichten und Verhalten zu lenken. Weiterhin beschreiben die beiden Wissenschaftler, dass die subjektiven Einstellungen zum Verhalten führen.

Hingegen führt die Kombination aus subjektiven Normen und wahrgenommenen Verhaltens-kontrollen zu Bildung einer Verhaltensabsicht oder der Bereitschaft, das Verhalten auszuführen. Abschließend lässt sich festhalten, dass umso günstiger die Einstellungen und wahrgenommenen Normen sind und je größer die wahrgenommene Verhaltenskontrolle ist, desto stärker sollte die Absicht der Person sein, das fragliche Verhalten tatsächlich auszuführen. Einschränkend muss jedoch gesagt werden, dass die Ausführung des fraglichen Verhaltens schlussendlich von der tatsächlichen Kontrolle der Person abhängt. Unter der tatsächlichen Kontrolle verstehen Fishbein und Ajzen u. a. aufseiten des Individuums vorhandene Fähigkeiten und Fertigkeiten sowie das Vorhandensein von Umweltfaktoren, die einen negativen Einfluss haben können (Fishbein & Ajzen, 2010, S. 21).

Im nachfolgenden wird jeweils eine valide und eine reliable Methode vorgestellt, mit der die genannten zentralen Komponenten der TRA gemessen werden können.

2.2 Methoden zur Messung der zentralen Komponenten der TRA

Es gibt, wie die Abbildung 4 zeigt, eine Vielzahl an Messverfahren zur Einstellungsmessung, aus der eine ausgewählt werden muss. An dieser Stelle wird zunächst Bezug auf das Modell Fishbein genommen.

Fishbein und Ajzen (2010) schreiben, dass die Messung der Einstellung nur erfolgen kann, wenn das betrachtete Verhalten klar identifiziert und richtig operationalisiert wird (S. 20). Mithilfe des Multiattributmodells von Fishbein und Ajzen (1975) können sowohl affektive wie auch kognitive Aspekte einer Einstellung erfasst werden (zitiert nach Kroeber-Riel & Gröppel-Klein, 2019, S. 231). Da das Modell von Fishbein und Ajzen selbst erstellt wurde, kommt es laut Kroeber-Riel und Gröppel-Klein (2019) der Aufforderung nach, dass das Einstellungsobjekt zuvor operationalisiert werden muss, um eine Standardisierung des Messverfahrens zu erhalten. Die Messung bezieht sich auf bestimmte Merkmale eines Objektes, wie z. B. die Größe, den Preis oder die Handhabarkeit des Produktes (Kroeber-Riel & Gröppel-Klein, 2019, S. 231). Foscht und Kollegen (2017) beschreiben, dass dem Modell von Fishbein und Ajzen zwei Hypothesen zugrunde liegen. Zum einen nehmen Konsumenten bei einem Objekt immer nur ausgewählte, ihnen wichtige Komponenten wahr und zum anderen ergibt sich die Einstellung zu einem Objekt aus der subjektiven Wahrnehmung der Produkteigenschaften und deren Bewertung (Foscht et al., 2017, S. 79).

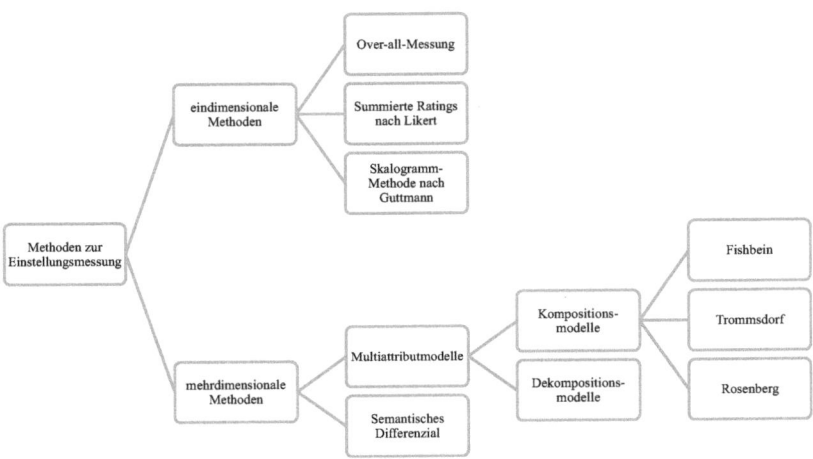

Abbildung 4: Methoden zur Einstellungsmessung

(Quelle: Eigene Darstellung in Anlehnung an Foscht et al., 2017, S. 76)

Entsprechend Mayer und Illmann (2000) könnte die Messung der zentralen Komponenten des TRA nach Ajzen und Fishbein (1980) wie anhand des nachfolgenden Beispiels aussehen. Zu Beginn wird das Verhalten, das untersucht werden soll, definiert. Hierunter fällt u. a. der Zeitraum und der Rahmen in der die Handlung ausgeführt werden soll, sowie der Kontext, die eigentliche Handlung und das Handlungsziel (Ajzen & Fishbein, 1980; zitiert nach Mayer & Illmann, 2000, S. 142). Das Verhalten ist in diesem Beispiel „Kauf eines Laufbandes im Oktober 2021". Die im Anschluss festgelegte Verhaltensabsicht kann wie folgt lauten (Mayer & Illmann, 2000, S. 142): „Ich beabsichtige im Oktober 2021 die Anschaffung eines Laufbandes". Daraus resultiert die Operationalisierung des Items mit der in Abbildung 5 dargestellten beispielhaften Skala (Mayer & Illmann, 2000, S. 142).

wahrscheinlich								unwahrscheinlich
	sehr	ziemlich	etwas	weder noch	etwas	ziemlich	sehr	

Abbildung 5: Skala Item Verhaltensabsicht

(Quelle: Eigene Darstellung)

Im Anschluss werden die entsprechenden Einstellungen gegenüber dem Verhalten und die subjektiven Normen definiert (Mayer & Illmann, 2000, S. 143). Die entsprechenden Eigenschaften für die Einstellung werden im Vorfeld durch die Befragung von Konsumenten herausgefunden (Kroeber-Riel & Gröppel-Klein, 2019, S. 231). Diese Befragung kann zum Beispiel mithilfe des semantischen Differenziales durchgeführt werden. Hierbei werden den Rezipienten eine Menge von vorher definierten Assoziationen vorgegeben. Der Rezipient muss diese anschließend im Kontext zum untersuchten Stimulus-Wort beurteilen. Bei den Assoziationen werden immer entgegengesetzte Eigenschaftswörter verwendet, wie sie auch in den Beispielen zu sehen sind (Kroeber-Riel & Gröppel-Klein, 2019, S. 230). In diesem Beispiel könnten es die in der Abbildung 6 dargestellten Paare von gegensätzlichen Eigenschaftswörtern sein, die abgefragt werden.

teuer								erschwinglich
belohnend								bestrafend
platzsparend								platzraubend
unterhaltsam								langweilig
	sehr	ziemlich	etwas	weder noch	etwas	ziemlich	sehr	

Abbildung 6: Skala Item Einstellung
(Quelle: Eigene Darstellung)

Hingegen kann die subjektive Norm nach Schiffman und Mitarbeitenden (2008) direkt gemessen werden, indem die Gefühle eines Verbrauchers bewertet werden. Bei den Gefühlen handelt es sich um Gefühle in Bezug auf die Bewertung von anderen relevanten Personen im sozialen Umfeld (Schiffman et al., 2008, S. 255). Die Operationalisierung könnte, wie in Abbildung 7 dargestellt, erfolgen.

Die meisten Personen, die für mich wichtig sind, meinen ...

ich sollte ein								ich sollte kein
	sehr	ziemlich	etwas	weder noch	etwas	ziemlich	sehr	

Laufband im Oktober 2021 kaufen.

Abbildung 7: Skala Item subjektive Norm
(Quelle: Eigene Darstellung)

Um die wahrgenommene Verhaltenskontrolle zu messen, werden in einem Fragebogen außerdem Fragen zu der Motivation und Selbstwirksamkeit des Konsumenten gestellt (Mayer & Illmann, 2000, S. 143).

Die obigen Ausführungen haben gezeigt, wie mithilfe eines standardisierten Fragebogens nach dem Modell von Fishbein die zentralen Komponenten des TRA erfasst werden können. Um das Gütekriterium der Reliabilität zu erfüllen, muss der Test nach Moosbrugger und Kelava (2020) bei einer wiederholten Messung wieder das gleiche Ergebnis hervorbringen. Bei der Einstellungsmessung ist dies jedoch eher schwierig, da die Einstellung von vielen Faktoren abhängt, wie der Abbildung 3 zu entnehmen ist. Gewährleistet werden kann die Reliabilität somit durch einen Split-Half-Test, bei dem ein Test in zwei Hälften geteilt wird (Moosbrugger & Kelava, 2020, S. 27–29). Hingegen beschreibt die Validität entsprechend Moosbrugger und Kelava (2020), dass der Test exakt das Merkmal misst, was er vorgibt zu messen. Dies kann u. a. durch die Operationalisierung des Konstruktes sichergestellt werden (Moosbrugger & Kelava, 2020, S. 30, 32). Für die Methode des semantischen Differenzial ist zu sagen, dass diese zwar standardisiert ist, aber nur bedingt reliabel, da sich bereits während des Test die Einstellung des Rezipienten zum Stimulus-Wort ändern kann.

3 Aufgabe B3

Im nachfolgenden Text wird ein fiktives Projekt beschrieben. An diesem wird erläutert, wie die Einstellung mithilfe des Elaboration-Likelihood-Modell beeinflusst werden kann. Im Anschluss wird die praktische Anwendung des Theory of Reasoned Action auf dieses Projekt dargestellt und erläutert, wie mit dem Fishbein-Modell die Einstellung der Mitglieder gemessen werden kann.

3.1 Fiktives Projekt

Das Fitnessstudio BODYFIT in Günzburg hat bereits seit der ersten Zwangsschließung in Folge des Corona-Virus im Frühjahr 2020 mit gehäuften Kündigungen zu kämpfen. Die Anzahl der Neuanmeldungen ist ebenfalls sehr verhalten. Auch kommen die Mitglieder seit der Wiedereröffnung im Juni 2021 nicht wieder so in das Studio, wie die Leitung es sich erhofft hat. Es kann festgehalten werden, dass der bestehende Kundenstamm ist mit dem Training aktuell noch sehr zurückhaltend ist und mit steigenden Infektionszahlen geht die Anzahl der trainierenden Mitglieder weiter zurück. Im Rahmen eines Projektes möchte das Team rund um das BODYFIT ihre Mitglieder dazu motivieren wieder vor Ort bei Ihnen im Studio zu trainieren. Hierfür bedarf es einer Einstellungsänderung der Mitglieder. Am Ende des Projektes ist geplant, die Einstellung der Mitglieder aktiv zu messen, um ein Feedback über die Maßnahmen zu erhalten.

Während der Lockdowns wurden die Mitglieder immer wieder mit Newslettern und verschiedenen Programmen über die Sozialen Medien auf dem aktuellen Stand gehalten. Weiterhin wurden über Instagram und YouTube Fitnessvideos für Home Workouts geteilt. Diese wurden teilweise mit Challenges und Gewinnspielen angereichert. Diese Projekte wurden gut angenommen und werden auch jetzt noch regelmäßig genutzt.

Die Hygieneauflagen für Fitnessstudios sind durch den Corona-Virus sehr hoch. So gilt u. a. die 3G-Reglung in Bayern ab einer Inzidenz von über 35. Zusätzlich muss im BODYFIT jedes Mitglied beim Betreten des Studios die Hände desinfizieren und sich anschließend einchecken. Am Ende des Trainings muss sich jedes Mitglied wieder auschecken. Im kompletten Studiobereich gilt der Mindestabstand von 1,5 m sowie FFP2 Maskenpflicht. Weitere Auflagen sind, dass jedes Gerät nach der Benutzung desinfiziert werden muss. Ein gemeinsames Training ist eigentlich nur mit Angehörigen des eigenen Hausstandes möglich.

Im BODYFIT trainieren jedoch viele Freunde gemeinsam, die sich bei den Übungen entsprechend unterstützen und korrigieren, was aktuell nicht mehr möglich ist. Auch ist ein Gespräch bei einem Mindestabstand und FFP2 Maske deutlich schlechter möglich. In Summe führt dies dazu, dass viele Mitglieder der soziale Aspekt beim Training fehlt.

Da das BODYFIT eine sehr gute Lüftungsanlage hat und ein sehr gutes Hygienekonzept, ist die Wahrscheinlichkeit für eine Ansteckung mit dem Corona-Virus recht gering. Aus diesem Grund möchte das Studio nun die Einstellung ihrer Mitglieder weg von den sozialen Aspekten des Trainings hinzu gesundheitlichen Aspekten lenken. Es ist also notwendig, die Einstellung der Mitglieder gegenüber dem gesundheitlichen Effekt von Sport positiv zu beeinflussen. Hierfür arbeitet das BODYFIT nun mit einer Werbeagentur zusammen, um eine Kampagne zu erarbeiten.

3.2 Zentrale Komponenten des Einstellungsmodells nach Fishbein und Ajzen

An dieser Stelle wird kurz erläutert, wie das Einstellungsmodell von Fishbein und Ajzen mit seinen Komponenten Verhaltenseinstellung, subjektive Norm, Verhaltenskontrolle, Verhaltensabsicht und Verhalten in Bezug auf das Projekt anzuwenden ist.

Die Verhaltenseinstellung entspricht der Vorstellung, dass Sport gemeinsam mit dem Trainingspartner durchgeführt werden muss, weil es sonst keinen Spaß macht. Bei der subjektiven Norm handelt es sich um die Haltungen der Freunde und Familie, die wichtig erscheinen und denen die Person entsprechen möchte. Hierbei kann festgestellt werden, dass die Mitglieder wegen des Infektionsrisiko, was die eigene Familie für sich sieht, nicht möchte, dass die Person im Fitnessstudio trainieren geht. Unter der Verhaltenskontrolle wird die Kontrolle des eigenen Verhaltens verstanden. Hierunter könnte fallen, dass die Person sich im Umfeld von Freunden und Bekannten schwerer an die Vorgaben halten kann und die Nähe sucht und somit ein Risiko sieht. Die Verhaltensabsicht stellt hingegen die Absicht hinter dem Verhalten dar. In diesem Fall heißt dies die Absicht, weiterhin mit Freunden trainieren zu gehen und nicht allein. Das Verhalten entspricht schlussendlich der zukünftigen Haltung und der daraus folgenden Handlung. Die in diesem Fall sein kann, dass eine Person nicht trainieren geht, weil sie allein trainieren, langweilig findet.

Für dieses Projekt ist es wichtig, dass die zentralen Komponenten umgewandelt werden und der gesundheitliche Aspekt statt des sozialen Aspekts in den Vordergrund tritt. Das schlussendliche Verhalten soll darin liegen, dass trainiert wird, um die Gesundheit zu stärken.

3.3 Wege der Einstellungsänderung

Um die Einstellung der Mitglieder zu ändern, empfiehlt sich das ELM von Petty und Cacioppo. Wie bereits in Teilaufgabe 1 beschrieben, gibt es zwei Wege der Beeinflussung. Die zentrale Route der Beeinflussung und die periphere Route (Kroeber-Riel & Gröppel-Klein, 2019, S. 240). Für beide Formen bedarf es jedoch der Kommunikation, die den größten Einfluss auf die Einstellungsänderung mit sich bringt (Six, 2007; zitiert nach Garms-Homolová, 2020, S. 32).

Das BODYFIT hat sich dazu entschieden, beide Wege des ELM zu verwenden, um die Einstellung ihrer Mitglieder zu ändern. Im Rahmen der zentralen Beeinflussungsroute ist wir neben den zu vermittelnden Informationen und dem Objekt auch der Kommunikator zu betrachten (Garms-Homolová, 2020, S. 33). Das Objekt, die Mitglieder, sind bereits bekannt. Die Information lautet, dass Sport wichtig für die physische und psychische Gesundheit ist. Als Kommunikator wird für diese Information der Mediziner Dr. Achim Jerg von Podcast #Spindgespräche eingeladen. Da der Sportmediziner durch andere Vorträge bereits in der Sportlergemeinschaft der Region bekannt ist, gilt er als anerkannter Experte.

Für die Einstellungsänderung über die zentrale Route wird eine Reihe von Online-Veranstaltungen geplant, bei der Herr Jerg verschiedene Vorträge zum Thema Sport und Gesundheit hält und u. a. die Ansteckungsgefahr mit Covid-19 im Fitnessstudio BODYFIT erläutert. Anschließend steht Herr Jerg und das Team von BODYFIT für Fragen zur Verfügung. Außerdem werden Themenräume eingerichtet, in denen sich die Mitglieder virtuell austauschen können. Weitere Themenkomplexe in dieser Reihe werden die Wichtigkeit von Sport in Bezug auf Stressabbau und Burn-out-Prävention sein sowie der Effekt von Training in Bezug auf die verminderte Bewegung im Home Office.

Die periphere Einstellungsverschiebung findet innerhalb des Newsletters, den sozialen Medien und der App des BODYFIT's statt. Im Newsletter und über die sozialen Medien wird verkündet, dass es zeitnah eine Änderung in der App geben wird, um die Community zu stärken. Gleichzeitig wird im Studio ein Plakat auf gehangen, dass dazu anregt, an einer Challenge teilzunehmen. In dieser ersten Challenge sollen die Mitglieder eine Instagram-Story drehen, bei der sie eine vorgegebene Anzahl an Pullups machen. In dieser Story soll anschließend das BODYFIT verlinkt werden und es gibt attraktive Preise zu gewinnen, wie z. B. eine Stunde Personal Training.

In der App werden Challenges eingefügt und eine Freunde-Funktion. So können sich die Mitglieder untereinander folgen und die Fortschritte mitverfolgen. Zum Beispiel gibt es eine Challenge, bei der die gefahrenen Kilometer auf dem Spinning-Bike oder die gelaufenen Kilometer auf dem Laufband getrackt werden. Außerdem werden die Krafttrainings-Einheiten mitgezählt. So entsteht ein Wettbewerb unter den Mitgliedern und der soziale Aspekt wird auf die virtuelle Ebene verlagert. Durch die Gamification sollen die Mitglieder angeregt werden, mehr im Studio zu trainieren und somit etwas Gutes für ihre Gesundheit zu tun.

3.4 Messung der Einstellungsänderung

Um herauszufinden, ob die Annahmen des Fitnessstudios bzgl. der geringen Studioauslastung korrekt ist, wird die Einstellung der Mitglieder mithilfe einer Umfrage nach dem Multiattributionsmodell von Fishbein und Ajzen gemessen. Diese Umfrage wird per E-Mail an alle Mitglieder mit der Bitte zur Teilnahme versendet. Nachdem diese Ergebnisse vorliegen, werde die geplanten Aktionen nochmals konkretisiert und überarbeitet. Die Absicht der Einstellungsänderung mithilfe das ELM erfolgt anschließend über einen Zeitraum von zunächst 4 Wochen. Hierfür werden die Vorträge an vier Abenden online übertragen. Die Challenges laufen ebenfalls erst mal über den Zeitraum von 4 Wochen. Anschließend wird erneut eine Umfrage an die Mitglieder versendet und die Einstellung wieder über das Multiattributionsmodell gemessen. Als zweites Maß wird außerdem die Auslastung des Studios vor der Maßnahme und während der Maßnahme betrachtet. Außerdem wird die Entwicklung der Infektionszahlen und eine mögliche Korrelation zur Studioauslastung untersucht. Für die Messung der Einstellung mithilfe des Multiattributionsmodells ist im Vorfeld wichtig, dass das zu untersuchende Verhalten gut operationalisiert wird, da es ansonsten zu Verzerrungen kommen kann.

Literaturverzeichnis

Ajzen, I. & Fishbein, M. (1980). *Understanding attitudes and predicting social behavior* (1.). Englewood Cliffs, NJ: Prentice Hall.

Argyriou, E. & Melewar, T. C. (2011). Consumer Attitudes Revisited: A Review of Attitude Theory in Marketing Research: Consumer Attitudes Revisited. *International Journal of Management Reviews*, *13*(4), 431–451. https://doi.org/10.1111/j.1468-2370.2011.00299.x

Aronson, E., Wilson, T. D. & Akert, R. M. (2008). *Sozialpsychologie* (6.). München: Pearson.

Becker, F. (2018). Einstellungsänderung, werbepsychologisch. In M.A. Wirtz (Hrsg.), *Dorsch - Lexikon der Psychologie* (18., S. 450). Bern: Hogrefe.

Bierhoff, H.-W. (2006). *Sozialpsychologie: Ein Lehrbuch* (6.). Stuttgart: Kohlhammer.

Bohner, G. & Dickel, N. (2011). Attitudes and Attitude Change. *Annual Review of Psychology*, *62*(1), 391–417. https://doi.org/10.1146/annurev.psych.121208.131609

Eagly, A. H. & Chaiken, S. (1993). *The psychology of attitudes* (1.). Forth Worth, TX: Harcourt, Brace, Jovanovich.

Eagly, A. H. & Chaiken, S. (2007). The Advantages of an Inclusive Definition of Attitude. *Social Cognition*, *25*(5), 582–602. https://doi.org/10.1521/soco.2007.25.5.582

Felser, G. (2015). *Werbe- und Konsumentenpsychologie* (4.). Berlin; Heidelberg: Springer. https://doi.org/10.1007/978-3-642-37645-0

Fishbein, M. & Ajzen, I. (1975). *Belief, Attitude, Intention, and Behavior: An Introduction to Theory and Research* (1.). Reading, MA: Addison-Wesley.

Fishbein, M. & Ajzen, I. (2010). *Predicting and Changing Behavior: The Reasoned Action Approach* (1.). New York, NY: Psychology Press.

Fisher, R. J. & Price, L. L. (1992). An Investigation into the Social Context of Early Adoption Behavior. *Journal of Consumer Research*, *19*(3), 477. https://doi.org/10.1086/209317

Foscht, T., Swoboda, B. & Schramm-Klein, H. (2017). *Käuferverhalten: Grundlagen - Perspektiven - Anwendungen* (6.). Wiesbaden: Springer Fachmedien. https://doi.org/10.1007/978-3-658-17465-1

Frey, D., Fischer, P., Kastenmüller, A., Greitenmeyer, T. & Moser, K. (2015). Erfolgreiches

Überzeugen durch Argumente. In K. Moser (Hrsg.), *Wirtschaftspsychologie* (2., S. 51–65). Berlin; Heidelberg: Springer-Verlag. https://doi.org/10.1007/978-3-662-43576-2_4

Garms-Homolová, V. (2020). *Sozialpsychologie der Einstellungen und Urteilsbildung: Lässt sich menschliches Verhalten vorhersagen?* (1.). Berlin: Springer-Verlag. https://doi.org/10.1007/978-3-662-62434-0

Gerrig, R. J. (2016). *Psychologie* (20.). Hallbergmoos: Pearson.

Hoffmann, S. & Akbar, P. (2019). *Konsumentenverhalten: Konsumenten verstehen - Marketingmaßnahmen gestalten* (2.). Wiesbaden: Springer Fachmedien. https://doi.org/10.1007/978-3-658-23567-3

Hogg, M. A. & Vaughan, G. M. (2008). *Social Psychology* (5.). Harlow: Pearson Education.

Kroeber-Riel, W. & Gröppel-Klein, A. (2019). *Konsumentenverhalten* (11.). München: Verlag Franz Vahlen.

Kroeber-Riel, W. & Mayer-Hentschel, G. (1982). *Werbung: Steuerung des Konsumentenverhaltens*. Würzburg; Wien: Physica.

Mayer, H. & Illmann, T. (2000). *Markt- und Werbepsychologie* (3.). Stuttgart: Schäffer-Poeschel Verlag.

Moosbrugger, H. & Kelava, A. (2020). Qualitätsanforderungen an Tests und Fragebogen („Gütekriterien"). In H. Moosbrugger & A. Kelava (Hrsg.), *Testtheorie und Fragebogenkonstruktion* (3., S. 13–38). Berlin: Springer-Verlag. https://doi.org/10.1007/978-3-662-61532-42

Neumann, P. (2013). *Handbuch der Markt- und Werbepsychologie: Grundlagen - Wahrnehmung - Lernen - Aktivierung - Image-Positionierung - Verhaltensbeeinflussung - Kreativität* (1.). Bern: Verlag Hans Huber.

Petty, R. E. & Brinol, P. (2012). The Elaboration Likelihood Model. In P.A.M. Van Lange, A.W. Kruglanski & E.T. Higgins (Hrsg.), *The Handbook of Theories of Social Psychology: Volume 1* (1., S. 224–245). London: SAGE Publications.

Petty, R. E. & Cacioppo, J. T. (1986a). The Elaboration Likelihood Model of Persuasion. In R.E. Petty & J.T. Cacioppo (Hrsg.), *Communication and Persuasion: Central and Peripheral Routes to Attitude Change* (1., S. 1–24). New York, NY: Springer. https://doi.org/10.1007/978-

Raab, G., Unger, A. & Unger, F. (2016). *Marktpsychologie: Grundlagen und Anwendung* (4.). Wiesbaden: Springer Fachmedien. https://doi.org/10.1007/978-3-658-02067-5

Ratner, R. K. & Kahn, B. E. (2002). The Impact of Private versus Public Consumption on Variety-Seeking Behavior. *Journal of Consumer Research, 29*(2), 246–257. https://doi.org/10.1086/341574

Rosenberg, M. J. & Hovland, C. I. (1960). Cognitive, affective, and behavioural components of attitudes. In C.I. Hovland & M.J. Rosenberg (Hrsg.), *Attitude organization and change: An analysis of consistency among attitutde components* (S. 1–14). New Haven: Yale University Press.

Schiffman, L. G., Kanuk, L. L. & Hansen, H. (2008). *Consumer behaviour: a European outlook* (1.). Harlow: Pearson Education.

Schmithüsen, F. & Steffgen, G. (2015). Sozialpsychologie. In F. Schmithüsen (Hrsg.), *Lernskript Psychologie: Die Grundlagenfächer kompakt* (1., S. 95–157). Berlin; Heidelberg: Springer-Verlag. https://doi.org/10.1007/978-3-662-44941-7_3

Six, U. (2007). Die Rolle von Einstellungen im Kontext des Kommunikations- und Medienhandelns. In U. Six, U. Gleich & R. Gimmler (Hrsg.), *Kommunikationspsychologie und Medienpsychologie* (S. 90–117). Weinheim: Beltz PVU.

Thomsen, A. & Unbehagen, G. (2005). Werbung: Werbung ist Kundenbegeisterung. H. Künzel (Hrsg.), *Handbuch Kundenzufriedenheit: Strategie und Umsetzung in der Praxis* (1., S. 273–286). Berlin; Heidelberg: Springer. https://doi.org/10.1007/b138543

Walsh, G., Deseniss, A. & Kilian, T. (2020). *Marketing: Eine Einführung auf der Grundlage von Case Studies* (3.). Berlin; Heidelberg: Springer. https://doi.org/10.1007/978-3-662-58941-0